DUDEN

Arbeitsheft Deutsch 3

Erarbeitet von
Gernot Hofmann, Dr. Anita Hübner,
Jutta Michel, Dr. Evelyn Mühlbauer,
Katrin Nolte-Herrmann, Dr. Borghild Rehak,
und Diana Scheida

Duden Schulbuchverlag
Berlin, Mannheim

Illustratorinnen
Bianca Schaalburg, Anja Rieger, Tanja Székessy

Textquellen
Hacks, Peter: Die Katze wäscht den Omnibus (Auszug), S. 25. In: Die Katze wäscht den Omnibus. Kinderbuchverlag, Berlin 1989
Filzek, Jutta: Wilde Jagd im Schnee (verändert), S. 63. In: Mücke. Die Kinderzeitschrift für Schule und Freizeit. Heft 2/91, S. 18

Bildquellen
S. 5: © NASA

1. Auflage
1 7 6 | 2012 2011
Alle Drucke dieser Auflage können im Unterricht nebeneinander benutzt werden.
Die letzte Zahl bezeichnet das Jahr dieses Druckes.

www.duden.de

Redaktion: Dr. Antje Schmidt
Herstellung: Jutta Herboth
Satz und Reproduktion: medienfrech.de
Layout und Umschlaggestaltung: tiff.any GmbH, Berlin
unter Verwendung einer Illustration von Julia Ginsbach
Druck- und Bindearbeiten: Firmengruppe APPL, sellier druck GmbH, Freising

ISBN 978-3-89818-844-9

Inhaltsverzeichnis

(1) festigende Aufgaben
(2) Grundaufgaben
(3) Aufgaben mit erhöhtem Schwierigkeitsgrad
(4) Knobelaufgaben/hoher Schwierigkeitsgrad

Der Mond und die Mondfinsternis

Dass wir den Mond sehen können, verdanken wir der Sonne: Sie beleuchtet immer die Hälfte des Mondes, die er ihr zudreht. Von der Erde aus können wir nicht immer die beleuchtete Hälfte des Mondes sehen. Manchmal sehen wir nur eine Mondsichel, dann ist zunehmender oder abnehmender Mond. Lässt sich der Mond den Rücken von der Sonne bescheinen, sehen wir ihn gar nicht. Dann ist Neumond. Bei Vollmond sehen wir dafür die ganze beleuchtete Hälfte wie eine strahlend weiße Scheibe am Himmel. Ein besonderes Schauspiel ist die Mondfinsternis. Dabei wandert der Vollmond durch den Schatten der Erde. Die Sonnenstrahlen können ihn solange nicht beleuchten. Dabei verfärbt sich der Mond tief dunkelrot, weil die Lufthülle der Erde am Rand noch einige rote Lichtstrahlen hindurchlässt.

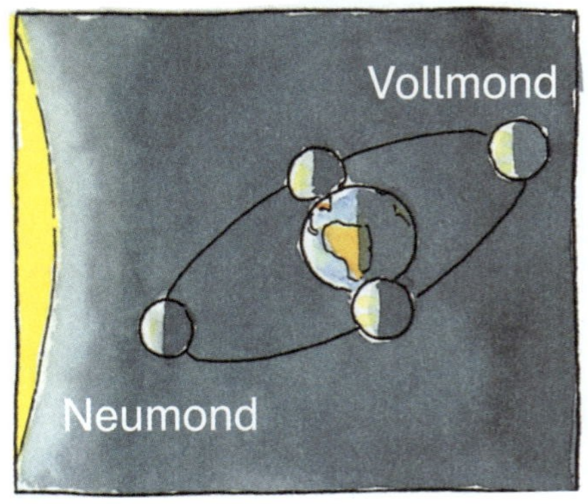

1 Unterstreiche im Text die Stellen farbig, die du für die Beantwortung der Fragen brauchst.

Warum können wir den Mond sehen?

Wir sehen den Mond, weil

Wie entsteht eine Mondfinsternis?

Eine Mondfinsternis entsteht, wenn

In welcher Farbe sehen wir den Mond bei einer Mondfinsternis?

2 Schreibe deine Antworten zu den Fragen auf.

Informieren

Erde
- ☆ Durchmesser: 12 756 km
- ☆ Temperatur: 15 Grad Celsius
- ☆ dreht sich in 24 Stunden um sich selbst
- ☆ braucht 365 Tage um die Sonne zu umkreisen

Uranus
- ☆ Durchmesser: 51 000 km
- ☆ Temperatur: –193 Grad Celsius
- ☆ dreht sich in 18 Stunden um sich selbst
- ☆ braucht 84 Jahre um die Sonne zu umkreisen

1 Vergleiche die Planeten Erde und Uranus und beantworte die Fragen.

Welcher der beiden Planeten ist größer?

Der Uranus ist größer als die Erde.

Auf welchem Planeten ist es wärmer?

Welcher Planet dreht sich schneller um sich selbst?

2 Schreibe für einen der beiden Planeten einen Informationstext.

Wörtliche Rede

Merke

Was jemand sagt, heißt **wörtliche Rede.**
In Texten steht die wörtliche Rede in **Anführungszeichen.**
Der **Begleitsatz** sagt uns, wer spricht.

„Aha!"

Die Mücke sagte: Begleitsatz	„Der summt aber komisch." wörtliche Rede

1 Tim und Anna haben eine Fabel nacherzählt.
Setze in ihrem Text die fehlenden Anführungszeichen.

Die Mücke hörte zum ersten Mal einen Löwen brüllen.

Sie sagte zur Henne: Der summt aber komisch.

Die Henne meinte: Der summt doch nicht.

Da fragte die Mücke: Was tut er denn dann?

Die Henne antwortete: Er gackert, aber das tut er wirklich komisch.

2 Zeichne die Doppelpunkte am Ende der Begleitsätze und die Satzschlusszeichen am Ende der wörtlichen Rede nach.

3 Finde die Verben im Wörtergitter und kreise sie ein.

4 Ergänze die Fabel unten und setze passende Verben ein.

p	f	p	s	a	g	e	n	r	d
o	r	b	l	r	z	u	n	d	e
n	a	n	t	w	o	r	t	e	n
s	g	i	l	b	l	u	r	e	n
a	e	z	i	b	a	f	u	r	o
f	n	b	e	t	t	e	l	n	t
t	a	t	s	e	n	n	o	n	e
s	c	h	i	m	p	f	e	n	r

Die Verben gehören zum Wortfeld „sagen".

Die Grille und die Ameise

Die Grille kam im Winter zur Ameise und bestelte: „Bitte gib mir von deinen Vorräten zu essen!" Die Ameise ______: „Was hast du denn den ganzen Sommer gemacht?" Die Grille ______: „Schimpfe nicht, ich habe gesungen und gespielt." Da ______ die Ameise:

______

5 Erfinde einen Schlusssatz.

1 Schreibe die Fabel mit eigenen Worten auf.
Verwende die Satzzeichen der wörtlichen Rede.

Die Maus und der Löwe

2 Überprüfe deinen Text: „Ja!"

- Steht die wörtliche Rede in Anführungszeichen?
- Steht am Ende deiner Begleitsätze ein Doppelpunkt? : : : : : : :
- Hast du passende Verben ausgesucht, die verraten, wie etwas gesagt wird?

Geschichten schreiben

1 Ergänze in den Erzählspuren die fehlenden Stücke.

Wer?	Was passiert?	Wo?
Tora	angeklagt, gestohlen zu haben	vor dem Richter beim Thinggericht
	reisen zu einem großen Markt	in der Stadt Haithabu
Lukas und Sarah	entdecken einen Wikingerschatz	

2 Suche dir eine Erzählspur aus und schreibe den Anfang einer Geschichte. Erzähle, wer etwas erlebt, was geschieht und wo es geschieht.

3 Schreibe, wie sich die Figuren fühlen und was sie denken könnten.

Tora

Sie dachte: „

Geschichten überarbeiten

1 Schreibe den Text ab und beachte
- die Großschreibung der Substantive (Nomen),
- die Großschreibung am Satzanfang und
- die Satzzeichen.

RAVN MUSSTE BEIM BOOTSBAU HELFEN EINE HARTE ARBEIT WAR DAS ER SCHLEPPTE MIT DEN MÄNNERN PLANKEN AUS EICHENHOLZ DAS SEGEL MUSSTE ER MIT FETT EINREIBEN SO KONNTE ES NICHT NASS WERDEN

Ravn musste

2 Überarbeite den Text so, dass die Satzanfänge abwechslungsreicher werden.

Ich heiße Tora.

Ich lebe mit meiner Familie auf dem Seehof.

Mit meiner Familie lebe ich auf dem Seehof.

Ich wollte auf dem Markt Honig kaufen.

Ich sah dort im Staub etwas glänzen.

Ich hob den Ring auf und man packte mich.

Eine Hauptfigur beschreiben und basteln

1 Die Kinderbuchfigur Pippi Langstrumpf sieht sehr lustig aus.
Suche die richtigen Wörter in Pippis Koffer und ergänze die Beschreibung.

Pippi Langstrumpf ist ein ______ und neun ______ alt. Ihr ______ Haar ist zu ______ Zöpfen geflochten, die seitlich abstehen.

Pippi Langstrumpf trägt ein ______ Kleid und zwei ______ Strümpfe.

Die Schnürschuhe sind ihr viel zu ______ .

Im Gesicht fallen viele ______ und die großen Schneidezähne auf.

2 Pippi Langstrumpf kannst du als Kochlöffelpuppe basteln.
Schreibe mithilfe der Stichpunkte eine Bastelanleitung.

1. Kochlöffel – Pippis Gesicht aufmalen
2. als Kleid – ein Stück Stoff zusammenkleben
3. Flicken auf das Kleid kleben
4. Kleid am Löffelstiel zusammenbinden
5. Wollfäden an den Kopf kleben und Zöpfe flechten

Male zuerst auf den Kochlöffel Pippis Gesicht.

______

______

______

______

______

______

Einen Weg beschreiben

1 Umkreise das Regal in der Bücherei, in dem du das Kinderbuch „Pippi Langstrumpf“ findest.

2 Zeichne einen möglichst kurzen Weg vom Informationstisch zum Regal „Romane und Geschichten“ ein.

3 Beschreibe deinen Weg vom Informationstisch zum Regal „Romane und Geschichten“. Die Wörter können dir dabei helfen:

Mittelgang vorbei rechts links Regal befinden hinten zwischen hindurch

Ich gehe zuerst

Beobachten und beschreiben

Das Wetter

Heute ist es im Norden sonnig und trocken. In der Mitte des Landes ist es bewölkt. Im Süden wird es gegen Abend wolkig mit örtlichen Schauern und Gewittern.
Die Temperatur steigt im Norden auf 20 Grad und im Süden bis 30 Grad.
Der schwache bis mäßige Wind weht aus westlicher Richtung.

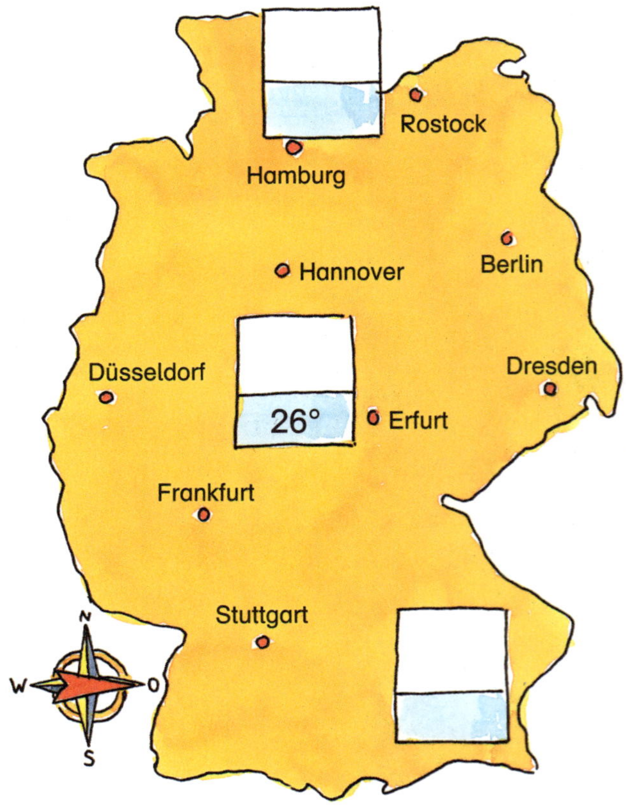

1 Zeichne zu dem Wetterbericht die passenden Zeichen und Temperaturen in die Wetterkarte.

Der Wind

2 Manchmal hören wir den Wind pfeifen, blasen, toben, heulen, klappern, sausen. Schreibe auf, was der Wind alles kann. Verwende die Verben.

pfeifen blasen toben heulen

klappern sausen

Der Wind pfeift um das Haus.

Der Wind ______ gegen das Fenster.

______ über die Bäume.

______ auf dem Dach.

______ durch die Straße.

______ am Schlossturm vorbei.

Beobachten und beschreiben

1 Finde die passenden Adjektive.

der Regen – regnerisch

der Sturm – ____________

der Wind – ____________

die Wolke – ____________

die Sonne – ____________

der Nebel – ____________

2 Schreibe die fehlenden Fachbegriffe in den Tabellenkopf.

Bewölkung   Temperatur   Windstärke   Tag

Tag			
1. 6.	20 Grad	wolkig	schwach windig

3 Beschreibe das Wetter auf den Bildern in kurzen Sätzen.

Wörter bauen

Merke

Zusammengesetzte Substantive (Nomen) bestehen aus **Bestimmungswort** und **Grundwort.**

die Feder	der Ball	der Federball
fahren	das Rad	das Fahrrad

Das Grundwort gibt den Artikel an. Das Bestimmungswort bestimmt das Grundwort näher: nicht irgendein Ball, ein Federball.

1 Aus welchen Wörtern setzen sich die Substantive (Nomen) zusammen?

	Bestimmungswort	Grundwort
der Zusammenstoß	zusammen	der Stoß
die Verkehrsregeln		
das Polizeiauto		
das Blaulicht		
der Gehweg		

2 Verbinde die Wörter, die zu einem zusammengesetzten Substantiv gehören.

rollen	das Auto	drei	das Kind	das Rad	turnen
der Wagen	das Rad	die Fahrerin	der Schuh	das Rennen	die Halle

3 Schreibe die zusammengesetzten Substantive auf und unterstreiche Artikel und Grundwort.

der Rollschuh

Wörter bauen

Merke

Erinnere dich: Jedes Wort hat einen **Wortstamm.**
Vor und nach dem Wortstamm können andere **Wortbausteine** stehen, zum Beispiel **Vorsilben** und **Nachsilben.**

1 Unterstreiche in den Wörtern den Wortstamm.

laufen | der Sport | fahren | der Freund | glücklich | fair

sportlich | die Läuferin | unfair | das Unglück | gefährlich | unfreundlich

2 Welche Wörter haben einen gemeinsamen Wortstamm?
Verbinde die Kästchen.

3 Ergänze die Tabelle.

	-er	-in
laufen	der Läufer	die Läuferin
fahren		
schwimmen		
spielen		
turnen		

4 Bilde mit den Wörtern und Wortbausteinen sinnvolle Wörter.

verständlich,

Substantive (Nomen)

Merke

Erinnere dich: Wörter für Menschen, Dinge, Pflanzen und Tiere sind **Substantive (Nomen).**
Auch Wörter wie **die Angst, die Frage, der Montag** sind Substantive.
Zu Substantiven (Nomen) passen **Artikel.**
der Hund, **die** Oma, **das** Spiel, **ein** Hund, **eine** Oma, **ein** Spiel

1 In dem Wortgitter sind 9 Substantive versteckt.
Schreibe sie mit dem bestimmten Artikel auf.

die Diebin,

D	E	T	E	K	T	I	V
I	K	G	O	A	S	Z	O
E	L	Q	Y	T	V	F	G
B	A	U	M	Z	L	O	E
I	W	U	P	E	P	T	L
N	R	A	C	E	I	O	Y
U	G	E	F	Ü	H	L	H
C	F	R	A	G	E	E	M
M	Ä	D	C	H	E	N	P

Merke

Die meisten Substantive (Nomen) gibt es in **Einzahl** und **Mehrzahl.**
der Dieb – die Diebe, die Lupe – die Lupen, das Kind – die Kinder

2 Ergänze in der Tabelle die fehlenden Formen.

Einzahl	Mehrzahl	Mehrzahl	Einzahl
der Detektiv	die Detektive	die Personen	
die Tür		die Kinder	
das Foto		die Fahrräder	
die Frage		die Spuren	
der Gedanke		die Jahre	
der Baum		die Hunde	

Substantive (Nomen) erkennen

Merke

So erkennst du Substantive: Zu jedem Substantiv passen Artikel:
der Mann, **die S**pur, **das H**aus, **ein M**ann, **eine S**pur, **ein H**aus.
Zwischen Artikel und Substantiv kann ein Adjektiv stehen.

Artikel	Adjektiv	Substantiv
die	heiße	**S**pur

1 Ziehe einen Pfeil vom Artikel zu seinem Substantiv (Nomen).

Die freundliche Polizistin befragte die wachsamen Kinder.

Ein unbekannter kleiner Junge entdeckte das gestohlene Fahrrad.

Dem erfahrenen Detektiv fehlte eine heiße Spur.

2 Schreibe den Text ab und achte auf die Großschreibung der Substantive.

IN EINEM KAUFHAUS WOLLTE EIN KLEINER JUNGE EIN ROTES RADIO STEHLEN.
DIE AUFMERKSAME DETEKTIVIN ERWISCHTE DEN ERSCHROCKENEN DIEB.
DIE NEUEN FREUNDE DES KLEINEN JUNGEN HATTEN IHN ZU EINER MUTPROBE ÜBERREDET.

3 Ziehe einen Pfeil von den Substantiven zu ihren Artikeln.

Präpositionen

Merke

Präpositionen sind kleine Wörter wie **an, um, auf, in, über, durch.**
Sie stehen immer zusammen mit einem anderen Wort,
sehr oft mit einem Substantiv (Nomen): **an** der Linie, **auf** der Kiste.

1 Hier stimmt etwas nicht! Streiche die falschen Präpositionen durch und ersetze sie durch die passenden: vor, in, neben, auf, über.

Anja läuft ~~durch~~ neben Hassan.

Tim steht über ______ dem Tor.

Lena sitzt neben ______ der Bank.

Der Ball liegt unter ______ dem Geräteraum.

Benn springt zwischen ______ die Latte.

2 Setze die Präpositionen so ein, dass ein sinnvolles Plakat entsteht.

für | mit | am | um | ins | zum

Pronomen

Merke

Die Wörter **ich, du, er, sie, es, wir, ihr, sie** sind **Pronomen.**
Pronomen können Substantive (Nomen) ersetzen.
Der Detektiv hörte ein Geräusch. **Er** hörte ein Geräusch.

(1) Ersetze die unterstrichenen Substantive durch Pronomen.

Tobias überlegte, woran der Geruch ihn erinnerte.

Tobias ______ rief: „Es riecht verbrannt!“ Schnell alarmierte Tobias ______ die Feuerwehr. Die Feuerwehr ______ konnte das Feuer schnell löschen.

Das Feuer ______ war durch eine Zigarette im Mülleimer entstanden.

(2) Schreibe die Sätze so, dass man die Geschichte verstehen kann.
In der Geschichte kommen vor: Detektiv Scharfblick, ein Fahrrad, ein Mann, Jana, Janas Freunde.

Sie berichtete ihm aufgeregt: „Ich sah ihn gerade noch mit ihm um die Ecke biegen.“

Er erwiderte: „Wir werden sie bitten mitzusuchen. Weit kann er noch nicht sein.“

Adjektive steigern

Merke

Mit Adjektiven können wir Dinge vergleichen.
Dafür verwenden wir die **Vergleichsstufen der Adjektive.**

Grundstufe: hell
Mehrstufe: hell**er**
Meiststufe: am hell**sten**

1 Hier sind die Vergleichsstufen durcheinandergeraten.
Male alle zusammengehörigen Adjektive mit einer Farbe aus.

tief | am kürzesten | später | steil | stark
am stärksten | stärker | kurz | kürzer | spät | steiler
am spätesten | tiefer | am tiefsten | am steilsten

2 Unterstreiche alle zum Mond passenden Adjektive.

3 Bilde von diesen Adjektiven die Steigerungsstufen und trage sie in die Tabelle ein.

Grundstufe	Mehrstufe	Meiststufe
groß	größer	am größten

Adjektive steigern

1 Bilde beim Vergleichen die Mehrstufe der Adjektive.

lang | hoch | groß | klein | hell

Im Sommer sind die Tage länger als im Winter.

Die Sonne steht im Sommer ________ als im Winter.

Die Sonne ist ________ als der Mond.

Der Mond ist ________ als die Erde.

Die Sonne erscheint am Himmel ________ als andere Sterne.

2 Vergleiche und ergänze die Sätze.

Im Winter ist es bei uns kalt. Am Nordpol ist es ________.

Im Weltraum ist es ________.

Bei Regen ist es dunkel.

In der Nacht ist es noch ________.

Bei Neumond ist es ________.

3 Unterstreiche in den Sätzen die Grundstufe und die Vergleichsstufen des Adjektivs viel.

Über Sterne habe ich viel gelesen.

Über unsere Planeten habe ich noch mehr gelesen.

Am meisten habe ich über die Raumfahrt gelesen.

4 Setze die Grundstufe und die Vergleichsstufe von viel in die Sätze ein.

Mit dem bloßen Auge sehen wir ________ Sterne.

Mit dem Fernglas erkennen wir deutlich ________ Sterne.

Die ________ Sterne sehen wir mit einem Teleskop.

Zeitformen des Verbs

Merke

Verben können in verschiedenen **Zeitformen** stehen.
Die **Gegenwartsform (Präsens)** drückt aus: Etwas **geschieht** jetzt.
Die **Vergangenheitsform (Präteritum)** drückt aus: Etwas **geschah.**

Gegenwartsform	Vergangenheitsform
Wir **leben** heute.	Sie **lebten** damals.

1 Unterstreiche in beiden Texten die Verben.

2 Gegenwart oder Vergangenheit? Achte auf die Zeitform der Verben und beschrifte die Schilder unter den Texten richtig.

3 Suche die Verben in der Vergangenheitsform heraus und ergänze den Text.

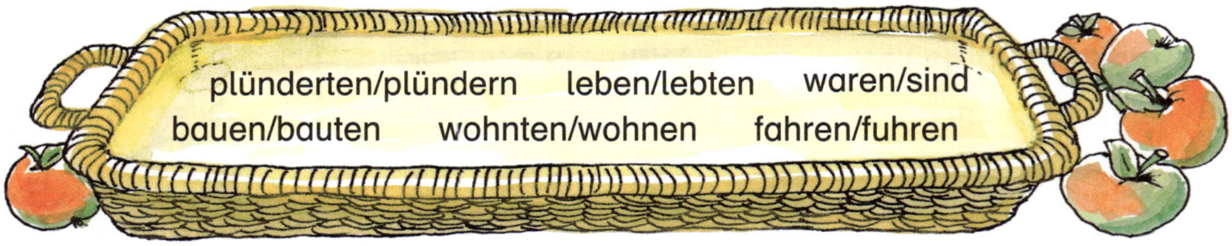

Die Wikinger lebten ______ auf Höfen und in Dörfern.
Sie ______ in kleinen Holzhäusern. Die meisten
Menschen ______ Bauern und Handwerker.
Für die Seefahrt ______ sie sich Schiffe.
Damit ______ sie sogar bis nach Amerika.
Als Seeräuber ______ sie Städte und Dörfer.

Zeitformen des Verbs

1 Diesen Verben im Präteritum fehlt die passende Endung. Ergänze sie.

Ich koch___ die Nudeln.

Du koch___ die Soße.

Er koch___ einen Pudding.

Wir koch___ zusammen.

Ihr koch___ eine Suppe.

Sie koch___ gar nichts.

2 Bilde zu den Formen im Präsens die Formen im Präteritum.

Präsens (Gegenwart)	Präteritum (Vergangenheit)	Präsens (Gegenwart)	Präteritum (Vergangenheit)
ich nähe	ich nähte	wir nähen	
du nähst		ihr näht	
er näht		sie nähen	

Unregelmäßige Vergangenheitsformen

3 Welche Grundform gehört zu diesen Vergangenheitsformen?

wir lagen	liegen	sie zogen	
wir kamen		sie stahlen	
er sah		wir fingen	
er ging		wir sangen	
ich flog		sie saß	

4 Unterstreiche die Unterschiede im Wortstamm.

wir lagen liegen

Satzglieder: das Prädikat

Merke

Satzglieder lassen sich im Satz umstellen.

Die Kinder verfolgten gestern den Dieb.

Den Dieb verfolgten die Kinder gestern.

1 Stelle die Sätze um.
Achte auf den Satzanfang.

Heute | weht | ein starker Wind.

Ein starker Wind

Die Kinder | rennen | schnell | über den Strand.

Ihr Drachen | steigt | hoch und höher.

2 Unterstreiche die Satzglieder in deinen Sätzen mit der Farbe ihrer Kästchen.

Merke

Das **Prädikat** ist ein wichtiges Satzglied. Es sagt, **was geschieht.**
Das Prädikat enthält das **gebeugte Verb (Personalform).**
Der Hund **jagt.** Die Kinder **spielen.** Die Sonne **scheint.**

3 Stelle die Sätze oben so um, dass Fragen entstehen.
Beginne den Satz mit dem gebeugten Verb und achte auf das Satzzeichen.

Weht ?

Satzglieder: das Subjekt

Merke

Ein weiteres Satzglied ist das **Subjekt.** Es sagt, **wer** oder **was etwas tut.**
Mit den Fragewörtern **wer** und **was** fragen wir nach dem Subjekt.

Frageprobe:	Subjekt:
Wer hüpft in die Pfütze?	**Der Junge** hüpft in die Pfütze.
Was fliegt davon?	**Ein Schirm** fliegt davon.

1 Wer wäscht hier? Finde die Subjekte und unterstreiche sie blau.

Die Katze wäscht den Omnibus

Der Regen wäscht das Kätzchen.
Der Fahrer wäscht den Wind.
Die Mutter wäscht den Omnibus.
Die Katze wäscht das Kind.

Ach was, ach was,
wie stimmt denn das?
Es ist zu dumm:
verkehrt herum.
Das ist der reine Unsinn, Mann.
Ich fang noch mal von vorne an: …

Peter Hacks

2 Tausche die Subjekte, dass sinnvolle Sätze entstehen.

Die Katze ______________________

____

____

____

3 Wer tut was? Vervollständige die Sätze!

Lisa schreibt ______ am Computer.

______ ein Bild.

______ in einem Buch.

______ seine Schere.

______ unter dem Tisch.

4 Unterstreiche in jedem Satz das Subjekt blau und das Prädikat rot.

Fehler finden

Lexis Reisetagebuch

Fehler!

Gestern wanderten wir in einem großen Ameisenhaufen
sahen wir viele Waldameisen im See
schwammen Fische am blauen Himmel
flogen Schwalben mit ihrem Rüssel
hatten Wildschweine den Waldboden umgegraben

1 Setze in Lexis Reisetagebuch die Punkte dahin, wo du denkst, dass ein Satz zu Ende ist.

2 Schreibe den Text ab. Beachte die Großschreibung am Satzanfang.

Sprechen und hören

3 Was ist hier falsch? Sprich deutlich in Silben und berichtige die Fehlerwörter.

Bötchen

Flache

Afel

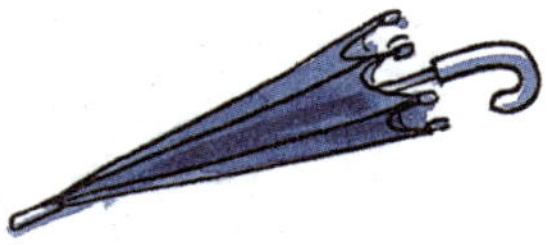

Gegenschim

Hastuch

Wanerweg

Fehler finden

Wörter untersuchen

1 Finde die Fehler.
Zerlege die Wörter wie im Beispiel.

Fehlerwörter	Besteht aus:	So ist es richtig:
Fischwarm	Fisch + Schwarm	Fischschwarm
Grasamen	+	
Laubaum	+	
Gewitteregen	+	
Bergipfel	+	

2 Untersuche die Wörter mit der Verlängerungsprobe und unterstreiche die Fehler.

die Burg

das Werg

das Brot

das Kint

Regeln beachten

3 Berichtige die unterstrichenen Fehlerwörter und beachte dabei die Regeln.

- Substantive (Nomen) werden großgeschrieben.
- Ein langer i-Laut wird in der Regel mit ie geschrieben.
- Hörst du schp und scht, schreibst du st und sp.

Liber jonas, danke für deinen Brif und das foto.

Lieber

Ich habe geschtaunt, dass du jetzt einen Kopfschprung kannst!

Komm miech besuchen, dann gehen wir in ein schwimmbad. Marie

st und sp am Wortanfang

Merke

Erinnere dich: Sprichst du am Wortanfang **scht** oder **schp**, schreibst du **st** oder **sp**: **St**uhl, **st**ehen, **Sp**aß, **sp**ielen.

1 Löse das Silbenrätsel und ordne die Wörter in die Tabelle ein.

ste spa spü len nen gen

stau spie stei hen ren len

st	sp
stehen	

2 Finde die verwandten Verben.

Mückenstich stechen

Ausstellung

Sparschwein

Stoßstange

Spülmaschine

Steckdose

3 Bilde mit den Wortbausteinen -ig -lich und -isch Adjektive.

stündlich

Stunde -ig Sturm

-lich

Stein -isch Spaß

str und spr am Wortanfang

1 Verbinde die passenden Wortteile.

spr	eiten	der Str	itze
str	ingen	die Spr	auß
spr	eicheln	die Str	ache
str	echen	die Spr	aße

2 Ordne die gefundenen Wörter in die Tabelle ein.

str	spr
streiten	

3 Immer vier Wörter sind miteinander verwandt. Schreibe sie zum richtigen Wortstamm in die Wortfamilienhäuser.

sprechen — du springst — das Sprachbuch — der Sprung — versprechen — er spricht — springen — gesprungen

4 Ziehe mit einem Buntstift die Selbstlaute in den Wortstämmen nach.

Wörter mit ng und nk

Merke

Erinnere dich: Bei **ng** sprichst du einen Laut. die Schla**ng**e
Bei **nk** sprichst du zwei Laute. die Schra**nk**e

1 Sprich die Wörter deutlich und unterstreiche ng.

2 Bilde zusammengesetzte Wörter mit den Wörtern in der Schlange.

Brillen  ____________

Bären  ____________

Bohnen  ____________

Ehe  ____________

3 Sprich die Wörter deutlich und unterstreiche nk.

4 Bilde zusammengesetzte Wörter mit den Wörtern in der Schranke.

Bahn  ____________

 haus ____________

Paten  ____________

 blau ____________

5 Einmal ng, einmal nk: Ergänze die Sätze und überschreibe ng und nk mit verschiedenen Farben.

Die Kinder [*singen.*]

Schiffe können [*si___en*].

Den Weihnachtsbaum schmücken [*Engel*]. *Omas und Opas haben* [*E___el*].

Lieder [*klingen*].

Türen haben [*Kli___en*].

Wir [*fingen*] *einen Fisch.*

Die [*Fi___en*] *pfeifen im Frühling.*

Verben mit ng und nk

Merke

Bilde die Grundform der Verben mit der Endung **-en.**
Dann kannst du hören, ob du **ng** oder **nk** schreiben musst.
sie singt – sin**g**en es sinkt – sin**k**en

1 Hier sind vier Verben mit ng und vier Verben mit nk versteckt. Markiere sie.

a	g	i	s	k	d	d	g	j
n	e	r	p	l	a	b	d	o
k	d	b	r	i	n	g	e	n
l	t	r	i	n	k	e	n	n
a	f	a	n	g	e	n	k	g
m	o	n	g	e	n	t	e	l
s	c	h	e	n	k	e	n	e
e	z	a	n	d	l	k	e	n

2 Schreibe die Verben aus Aufgabe 1 in die Tabelle und unterstreiche die Wortstämme. Bilde dann die Personalform mit er oder es.

Grundform mit ng	er-Form	Grundform mit nk	er-Form
springen	er springt		

3 Immer ein Wort gehört nicht zur Wortfamilie. Streiche es durch.

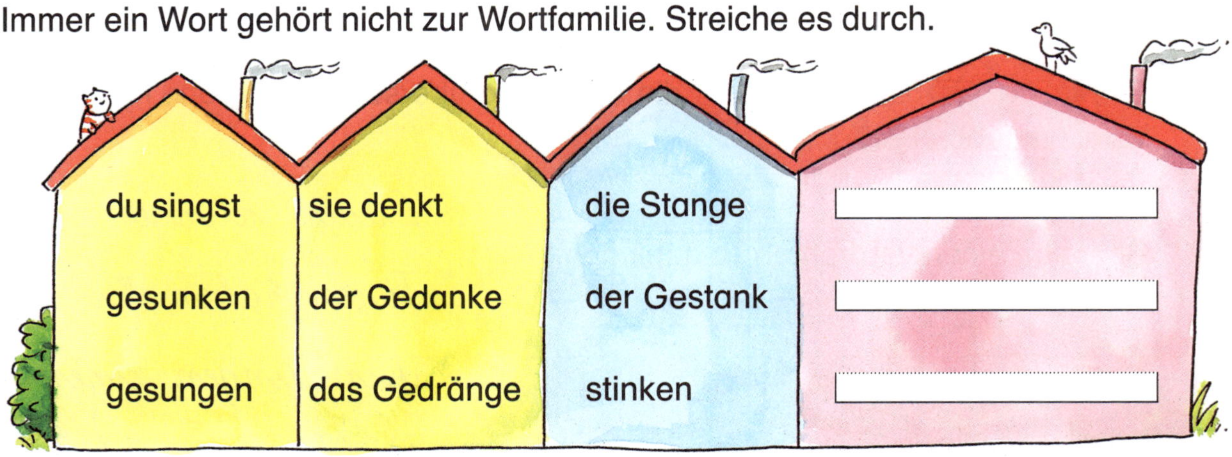

4 Denke dir selbst ein Wortfamilienhaus mit drei passenden Wörtern aus.

Wörter mit pf

PFERD PFLEGEN PFLANZE PFOTE PFÜTZE PFLÜCKEN

1 Sprich die Wörter und markiere pf.

2 Schreibe die Substantive (Nomen) mit ihrem Artikel auf und bilde die Mehrzahl.

Einzahl	Mehrzahl
das Pferd	die Pferde

Verkehrte Welt

Die Kartoffeln kochen im Zopf.
Lukas näht einen Kopf an seine Jacke.
Lisa will einen Knopf flechten.
Ich setze die Mütze auf den Topf.

3 Schreibe die Sätze richtig auf und unterstreiche die Wörter mit pf.

4 Schreibe einen verdrehten Text mit den Wörtern: pflanzen, pflegen und pflücken.

Wörter mit chs

1 Finde die Rätselwörter mit chs.
Das Lösungswort in den gelben Kästchen ist ein Tier mit Pinselohren.

Wie heißt die Stelle unter deinem Arm? ☐☐☐☐☐☐

Er ist ein schlaues Tier. ☐☐☐☐☐

Ein anderes Wort für Dose. ☐☐☐☐☐☐

Kinder machen es und werden dabei größer. ☐☐☐☐☐☐☐

Sollte man täglich mit der Unterhose machen. ☐☐☐☐☐☐☐☐

2 Ergänze die passenden Wörter mit chs, dann wird es ein Gedicht.

Es wächst der ________,

Es wächst der ________,

Es wachsen alle ________.

Doch was nicht ________, verrat ich dir.

Das Geld in meiner ________!

3 Schreibe Sätze zu den Bildern und verwende dabei die Verben.

auswechseln | verwechseln | abwechseln | wechseln

Der Spieler wird ________

____

____

____

____

____

Wörter mit v

Merke

Erinnere dich: In den meisten Wörtern wird **v** wie **f** gesprochen: **V**ogel, **v**iel, **v**ier.
In einigen Wörtern klingt **v** wie **w: V**ampir, **V**ase.
Wörter mit v musst du dir merken.

1 Schreibe die Wörter in die Tabelle. Klingt v wie w oder wie f?

Vater | vier | Vogel | viel | Vase | November | Pullover | Klavier

2 Schreibe zusammengesetzte Adjektive mit voll auf.
Denke an die Kleinschreibung.

Rücksicht 

rücksichtsvoll

Geheimnis 

Mühe 

Wunder 

Liebe 

Angst 

3 v oder f? Schreibe die Zahlen richtig.

14		55	fünfundfünfzig
104		54	
34		24	

e oder ä?

Merke

Erinnere dich: Wir schreiben **ä**,
wenn es ein verwandtes Wort mit **a** gibt.
der St**a**ll – die St**ä**lle

1 Suche zu den folgenden Wörtern Verwandte mit a.

schälen		die Ärztin	
zählen		der Schäfer	
erkälten		der Anfänger	

2 Entscheide: e oder ä?

Gibt es ein verwandtes Wort mit a?			Das verwandte Wort heißt:	Also schreibe ich:
kr_ftig	~~ja~~	nein	die Kraft	kräftig
_ngstlich	ja	nein		
aufw_rmen	ja	nein		
er f_llt	ja	nein		
das F_ld	ja	nein		
das Gep_ck	ja	nein		
das Vier_ck	ja	nein		

3 e oder ä? Überlege genau und setze den fehlenden Buchstaben ein.

Wir wanderten durch bergiges Gel☐nde.
Die H☐lfte des Weges hatten wir geschafft.
Jeder s☐hnte sich nach erfrischenden Getr☐nken.
Die n☐chste Hütte war noch weit entf☐rnt.
Das Wetter ☐nderte sich, es wurde heißer.

Wörter mit ä

1 Löse das Kreuzworträtsel: Alle gesuchten Wörter sind Merkwörter mit ä.

waagerecht:

1 nicht früh, sondern …
2 darin leben Löwen im Zoo
3 Geschichten von Feen und Drachen
4 großes Tier mit zottigem Fell, frisst gern Honig

senkrecht:

1 kleines Krabbeltier
2 sie werden einmal Frauen
3 Werkzeug, um Bäume zu fällen
4 Belag fürs Brot, stinkt manchmal

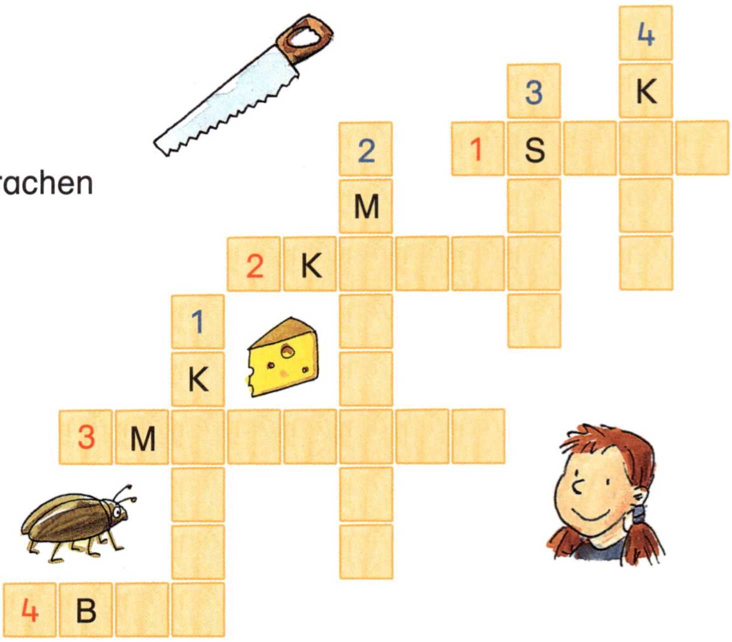

2 Ergänze die Merkwörter mit ä an der richtigen Stelle.

Käfig | Bärin | Mädchen | spät

_______ *am Abend sieht ein* _______

eine _______ *in einem* _______.

3 Schreibe die Wörter einer Wortfamilie in ein Haus.

spät | sägen | später | die Säge | verspäten | zersägen | die Verspätung | der Sägezahn

eu oder äu?

Merke

Erinnere dich: Wir schreiben **äu,**
wenn es ein verwandtes Wort mit **au** gibt.
die H**au**t – die H**äu**te

1 Finde die verwandten Wörter und schreibe sie zusammen auf.

saugen | verkaufen | laufen | Traum | Braut

saugen – der Säugling,

2 Schreibe die unterstrichenen Fehlerwörter richtig unter den Text.
Begründe deine Schreibweise.

Lisa reumt ihr Zimmer auf.

räumt – wegen Raum

Die Retselhefte legt sie in den Schrank.

Der Tennisschleger kommt in die Sporttasche.

Das Buch über die Seereuber stellt sie ins Regal.

Die Tüte mit dem Gebeck bringt sie in die Küche.

b, d, g am Wortende

Merke

Erinnere dich: Am Wortende klingen b, d, g wie p, t, k.
Verlängere die Wörter mit den Endungen **-e, -en** oder **-er.**
Hörst du dann ein b, d oder g, schreibst du b, d oder g.
der Zwerg – die Zwer**ge,** lieb – lie**ben,** klug – klü**ger**

1 Entscheide: d oder t?

d oder t?	Ich verlängere und unterstreiche den Wortstamm.	Also:
das Blu✱	bluten	das Blut
der Stran✱		
gesun✱		
spä✱		

2 Manchmal kann man auch mit dem Wortbaustein -ig verlängern. Sprich beim Schreiben nach Silben und achte auf t und d.

kräftig

3 Entscheide: g oder k?

g oder k?	Ich verlängere und unterstreiche den Wortstamm.	Also:
der Zwei✱	die Zweige	der Zweig
klu✱		
das Wer✱		
die Bur✱		
der We✱		

b, d, g vor Mitlauten

Merke

Bilde die Grundform der Verben mit der Endung **-en.**
Hörst du dann ein b oder g, schreibst du b oder g.
hebt – he**ben,** steigt – stei**gen**

1 Ergänze: b oder p? Begründe deine Entscheidung.

es bra☐t, von ______ *sie rau☐t, von* ______

er le☐t, von ______ *er hu☐t, von* ______

2 Ergänze: g oder k? Begründe deine Entscheidung.

es pi☐t, von ______ *sie flie☐t, von* ______

er lie☐t, von ______ *er zei☐t, von* ______

3 Trage die passenden Verben in der gebeugten Form ein.

Mara ______ einen Brief.

Leo ______ nach dem Weg.

Tina ______ eine schwere Tasche.

Ben ______ seinem Bruder ein Buch.

4 Zerlege die Fehlerwörter und schreibe sie richtig auf.

Fehlerwörter	Besteht aus:	So ist es richtig:
Wantafel	*Wand* + *Tafel*	*Wandtafel*
Burkeller	______ + ______	______
Parkarte	______ + ______	______
Schreipapier	______ + ______	______
Hantasche	______ + ______	______

s am Wortende

Merke

Am Wortende klingen s und ß gleich, beide zischen: Gla**s**, Spa**ß**.
Verlängere die Wörter mit den Endungen **-e, -en** oder **-er.**
Hörst du jetzt ein **summendes s,** schreibst du **s:** das Glas – die Gläser.

1 Immer drei Wörter sind miteinander verwandt. Male ihr Kästchen mit der gleichen Farbe aus.

das Los	der Hals	das Gänschen	die Halskette
die Gans	verlosen	einkreisen	das Gänseblümchen
die Hälse	der Kreis	die Losbude	kreisrund

2 s oder ß? Entscheide dich mithilfe der Verlängerungsprobe.

s oder ß?	verlängertes Wort	Also schreibe ich:
das Gra★	die Gräser	das Gras
der Strau★		
der Gru★		
der Hal★		
die Mau★		
der Sto★		
das Hau★		

3 s oder ß? Wie kannst du diese Wörter verlängern?

der Flei★		
das Ei★		

Wörter mit ß

Merke

Nach langem Selbstlaut und Zwielaut schreiben wir s oder ß.
Wir schreiben s, wenn der s-Laut summt. verrei**s**en
Wir schreiben ß, wenn der s-Laut zischt. zerrei**ß**en

1 Gesummt oder gezischt? Prüfe, wie der s-Laut klingt.

Gemüse Füße Nase Straße beißen leise außen Häuser

2 Markiere lange Selbstlaute und Zwielaute in den Wörtern. Gem<u>ü</u>se

3 s oder ß? Schreibe die Wörter auf.

grü★en nie★en So★e Ho★e

grüßen ______

verrei★en zerrei★en rie★ig flei★ig

______

4 Sprich die Wörter und schreibe sie dann in den richtigen Korb.
Achtung! Ein Wort musst du weglassen: Es hat einen kurzen Selbstlaut.

sto★en bla★en flie★en mü★en sau★en
gie★en schlie★en ra★en schmu★en

5 Schreibe das Verb mit kurzem Selbstlaut richtig auf: ______

Mitlaute nach kurzem Selbstlaut

Merke

Nach einem kurzen Selbstlaut im Wortstamm schreiben wir zwei Mitlaute.

Kiste (1 2) helfen (1 2) Wasser (1 2) schnell (1 2)

1 Markiere die kurzen Selbstlaute mit einem Punkt.

Hammer Land Pinsel tanzen Welt gelb danken Platz

1 2

2 Nummeriere die Mitlaute nach kurzem Selbstlaut.

3 Ergänze die fehlenden Mitlaute.

Pflan☆e zel☆en Zwe☆g den☆en A☆fel Wi☆ter

Pflanze

1 2

4 Nummeriere die Mitlaute nach kurzem Selbstlaut.

5 Schreibe die Wörter auf.

6 Unterstreiche lange Selbstlaute und setze unter kurze Selbstlaute einen Punkt.

Der doppelte Mitlaut

Merke

Erinnere dich: Hörst du nach einem kurzen Selbstlaut im Wortstamm nur einen Mitlaut, schreibst du den Mitlaut doppelt.

Sommer
-m-
So**mm**er

1 In jede Kiste hat sich ein Wort mit langem Selbstlaut eingeschlichen.
Finde es mit der Fingerprobe und streiche es durch.

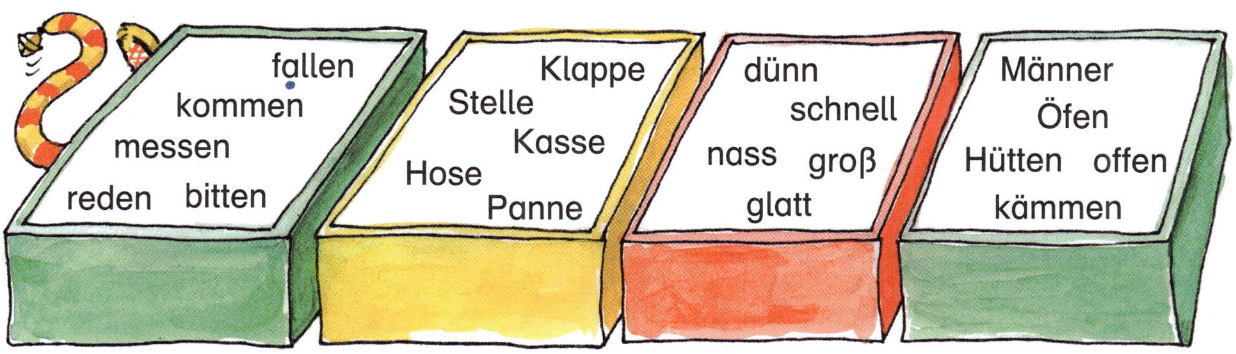

2 Unterstreiche die Bildwörter mit kurzem Selbstlaut.

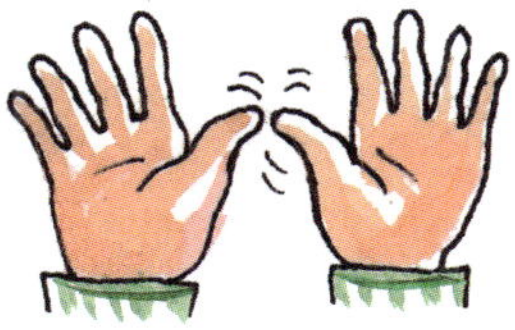

3 Trage die Wörter mit kurzem Selbstlaut in die richtige Tabellenspalte ein.

zwei verschiedene Mitlaute	doppelte Mitlaute
Hände	Blätter

Verwandte mit doppeltem Mitlaut

1 Schreibe die verwandten Wörter neben die Adjektive.

die Vollmilch | einfetten | wundervoll | die Schnelligkeit | das Fett | windstill | dümmer | die Nässe | nasskalt | die Dummheit | schneller | die Stille

voll die Vollmilch,

fett

schnell

nass

still

dumm

2 Umkreise in den Wörtern den gemeinsamen Wortstamm mit doppeltem Mitlaut.

voll die Vollmilch, wundervoll

3 Suche das passende Verb aus und setze die gebeugte Verbform ein.

wollen | schnappen | rollen | klettern | fallen | gewinnen | fressen | treffen

Du kletterst auf den Baum. Das Obst fällt herunter.

Der Würfel ______ über den Tisch. Du ______ das Spiel.

Bello ______ sich das Fleisch. Er ______ auch gern Knochen.

Du ______ mir helfen. Wir ______ uns nach der Schule.

4 Umkreise in den Verben den Wortstamm mit doppeltem Mitlaut.

Wörter mit ck

Merke

Erinnere dich: Hörst du nach einem kurzen Selbstlaut im Wortstamm nur k, dann schreibst du ck.
ck ist die Verdoppelung von k.

bạcken
-k-
ba**ck**en

1 Markiere kurze Selbstlaute mit einem Punkt und lange Selbstlaute mit einem Strich.

lecker Laken spuken spucken Ecke Ekel Schaukel trocken

1 2

2 Nummeriere die Mitlaute nach den Selbstlauten.

3 k oder ck? Ergänze die Wörter und trage sie in die Tabelle ein.

stre★en mer★en trin★en ni★en den★en
bü★en har★en pflü★en drü★en wel★en

zwei verschiedene Mitlaute	doppelter Mitlaut ck
merken	strecken

4 Baue Wörter mit den Wortstämmen. Schreibe sie auf.

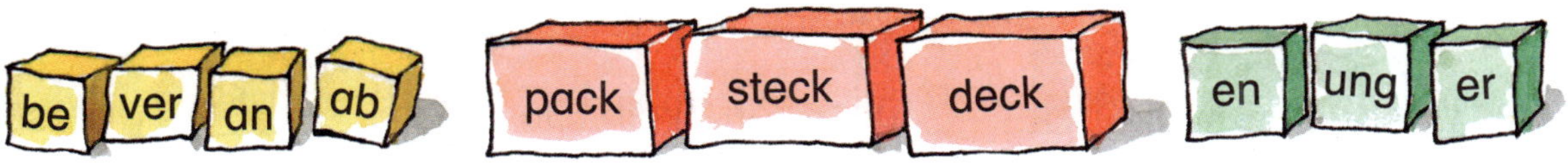

Besteck,

Wörter mit tz

Merke

Erinnere dich: Hörst du nach einem kurzen Selbstlaut im Wortstamm nur z, dann schreibst du tz.
tz ist die Verdoppelung von z.

sitzen
-z-
sit**z**en

1 Markiere kurze Selbstlaute mit einem Punkt und lange Selbstlaute mit einem Strich.

putzen heizen Schatz Schnauze witzig geizig Platz Kreuz

1 2

2 Nummeriere die Mitlaute nach den Selbstlauten.

3 z oder tz? Ergänze die Wörter und trage sie in die Tabelle ein.

bli★en Schmer★en stol★ schma★en si★en

schmel★en anspi★en wäl★en tan★en kra★en

zwei verschiedene Mitlaute	doppelter Mitlaut tz
Schmerzen	

4 Baue Wörter mit den Wortstämmen. Schreibe sie auf.

be ver an ab zer | nutz sitz kratz | en ung er

benutzen,

Wörter mit ck und tz

Merke

Am Zeilenende kannst du Wörter nach Silben mit einem Strich trennen. Auch Wörter mit tz werden so getrennt. Ka**t-ze**, si**t-ze**n

1 Suche jeweils drei Wörter zu diesen Lautgruppen aus Lexis Wörtersieb. Schreibe sie mit dem Trennstrich auf.

atz/ätz	etz	itz	utz/ütz
Frat-ze			

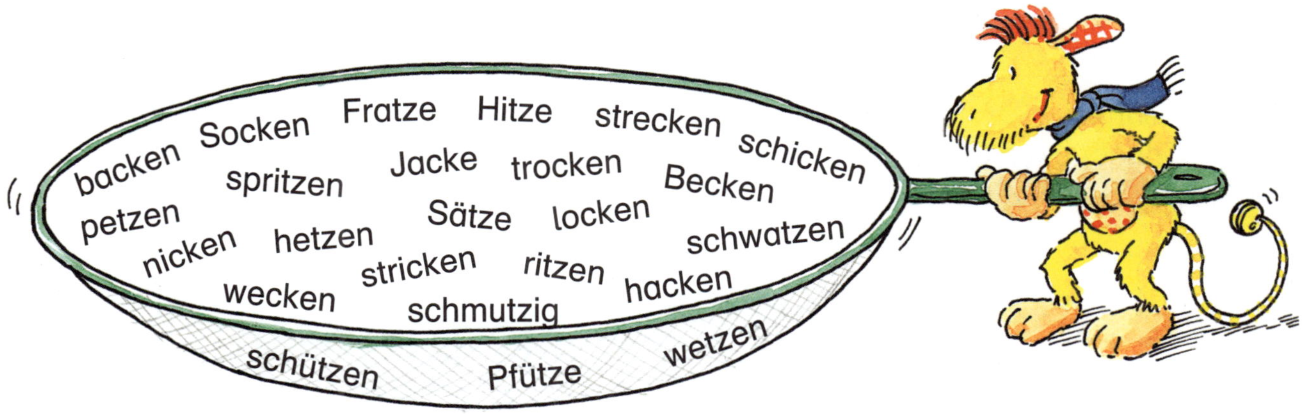

Merke

Bei der Worttrennung am Zeilenende musst du beachten:
ck wird nicht getrennt. De-**ck**e, verste-**ck**en, tro-**ck**en

2 Suche jeweils drei Wörter zu diesen Lautgruppen aus Lexis Wörtersieb. Schreibe sie mit einem Trennstrich auf.

ack	eck	ick	ock
ba-cken			

Der lange i-Laut als ie

Merke

Erinnere dich:
Wörter mit **langem i-Laut** werden meistens mit **ie** geschrieben.
Das e zeigt an, dass man den i-Laut lang spricht: sp**ie**len, v**ie**r, Z**ie**ge.

1 Untersuche die i-Laute mit der Fingerprobe.
Ziehe einen Strich unter ein langes i, zeichne einen Punkt unter ein kurzes i.

die B(i)ne die B(i)rne der F(i)sch die Fl(i)ge der St(i)fel

kr(i)chen k(i)chern b(i)nden b(i)gen fl(i)gen

2 Schreibe die Wörter mit langem i-Laut auf und denke an das ie.

____

____

3 Tausche die Selbstlaute und bilde neue Wörter mit ie.

das Tor – das Tier
der Rasen – die ______
der Star – der ______
der Käfer – die ______
das Leid – das ______
die Note – die ______

4 Male die Kärtchen mit den Reimwörtern in der gleichen Farbe aus.

fliegen	zielen	kriechen	liegen
Ziel	spielen	riechen	Spiel

5 Setze die Reimwörter in die Lücken ein.

mit dem Flugzeug fliegen – auf der Wiese ______

durch das Gebüsch ______ – an den Blumen ______

mit dem Fußball ______ – auf die Torwand ______

Triffst du das ______, gewinnst du dieses ______.

Der lange i-Laut als ie

1 Schreibe die zusammengesetzten Substantive (Nomen) auf.
Achtung: Manchmal musst du einen Buchstaben hinzufügen!

 + die Schildkröte — die Riesenschildkröte

 + die Königin

 + der Pilz

der Gummi + 

 + das Bild

 + der Käse

2 Unterstreiche in den zusammengesetzten Wörtern ie.

3 Welche Wörter sind verwandt? Schreibe sie geordnet auf.
Achtung: Zu drei Wörtern findest du keine Verwandten!

Liegewiese Riese fliegen Lied riesengroß Fliege Riss

Essigfliege liegen Riesenrad Sonnenliege flink

4 Welches Wort passt nicht in die Reihe? Schreibe es auf.

fleißig – seidig – riesig – eifrig

Tiger – Stier – Nilpferd – Biber

eins – zwei – drei – vier

flicken – finden – fliegen – flitzen

Langes i ausnahmsweise anders

Merke
Bei manchen Wörtern schreibt man für den langen i-Laut ein i.
Diese Wörter musst du dir merken.

1 Untersuche die i-Laute mit der Fingerprobe.
Ziehe einen Strich unter ein langes i, zeichne einen Punkt unter ein kurzes i.

Maschine Pinsel Nixe Krokodil Mandarine Brille Schilf Gardine

2 Male die Kästchen aus, in denen Wörter mit langem i-Laut stehen.

Schimpanse | Tiger | Krokodil | Blindschleiche | Ringelnatter

Nilpferd | Biber | Fisch | Dino | Seeigel

3 Schreibe die Tiere mit langem i nach dem Alphabet auf.

der Biber, ____________________

____

4 Beantworte die Fragen. Mit welcher Maschine kann man

einen Schal stricken? *mit der Strickmaschine*

die Wäsche waschen? ____________________

ein Loch bohren? ____________________

ein Kleid nähen? ____________________

5 Setze gibt und gibst richtig ein.

Heute ________ *es bestimmt ein Gewitter.*

________ *du mir bitte den Regenschirm?*

Tom ________ *schrecklich an.*

Du ________ *dem Kaninchen Wasser*

und Tina ________ *ihm Futter.*

Doppelter Selbstlaut

Merke

Bei einigen Wörtern mit **a, e** und **o** wird der lange Selbstlaut **doppelt geschrieben.** Du musst dir solche Wörter merken: H**aa**r, Schn**ee**, B**ee**re, B**oo**t.

1 Bilde zusammengesetzte Wörter mit oo und ee und schreibe sie auf.

Segel
Schlauch
Ruder

Erd
Him
Stachel

2 Bilde aus den Wortgruppen zusammengesetzte Adjektive.

grün wie Moos ______

glatt wie ein Aal ______

weiß wie Schnee ______

rot wie eine Erdbeere ______

3 Ergänze die passenden Wörter mit doppeltem Selbstlaut.

langes, blondes ______

eine gute ______

das tiefe, blaue ______

eine genaue ______

Wörter mit hl, hm, hn, hr

Merke

Das **Dehnungs-h** kann zwischen einem langen Selbstlaut und l, m, n und r stehen: Za**hl**, Le**hm**, ze**hn**, O**hr**. Du musst dir die Wörter mit Dehnungs-h merken.

1 Untersuche die Wörter mit der Fingerprobe. Ziehe einen Strich unter einen langen Selbstlaut, zeichne einen Punkt unter einen kurzen Selbstlaut.

strahlen Huhn kalt mehr Hemd nehmen blond Bohne

2 Hier werden Wörter mit derselben Buchstabengruppe gesucht. Schreibe die Substantive mit Artikel in der Einzahl und Mehrzahl auf.

Übermale ahn und ahl farbig.

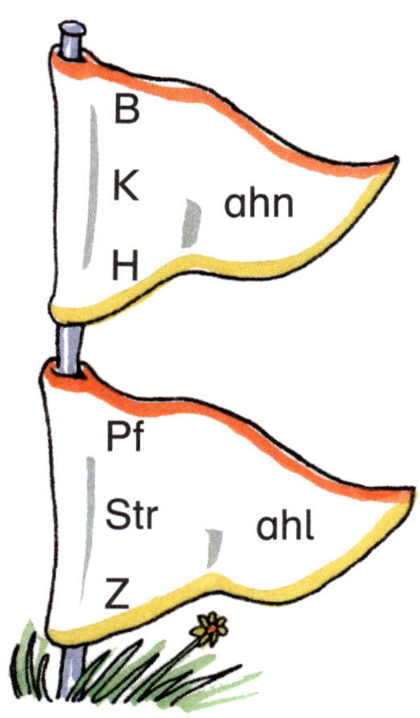

die Bahn – die ______

______

______

______

______

______

3 Was kannst du einen neuen Mitschüler oder eine neue Mitschülerin fragen? Setze die Verben in der richtigen Form ein und unterstreiche den Wortstamm.

wohnen | fahren | erzählen | fehlen

Wo hast du vorher ______ ?

Womit ______ du am liebsten?

______ du uns von deinen Hobbys?

Was ______ dir hier am meisten?

Wörter mit hl, hm, hn, hr

1 Bilde zusammengesetzte Verben und setze sie richtig ein.

eine Fahrradtour ______

sich für den Tag etwas ______

etwas zum Trinken ______

eine Aufgabe ______

ein Hindernis ______

einen Film ______

2 Schreibe die verwandten Wörter zu zählen und fehlen in den richtigen Wortstamm-Baum. Achtung: Zwei Wörter passen in keinen Stamm!

Wörter mit h am Wortstammende

1 Trenne die Wörter in der Wörterschlange mit Strichen voneinander ab!
Schreibe die Wörter nach dem Alphabet auf.

____

____

2 Bilde Wörter mit dem h-Fahrstuhl und setze sie in die Sätze ein.

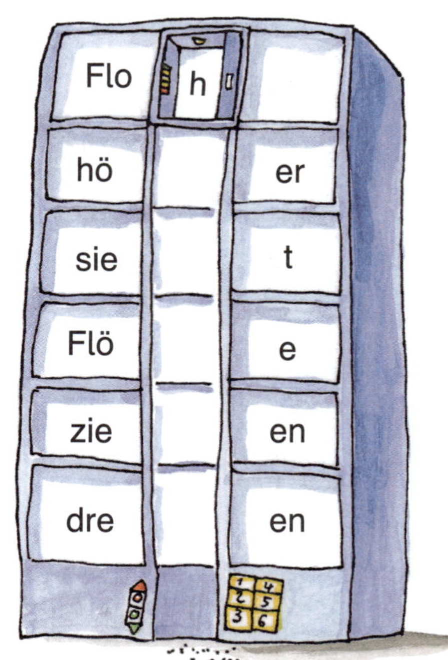

Den Hochsprungrekord im Tierreich hält der ______.

Er springt 20-mal ______, als er selbst groß ist.

Im Flohzirkus ______ man ______ Fußball spielen.

Sie können kleine Kutschen ______ und winzige Karusselle ______.

Wörter mit h am Wortstammende

1 Welche Wörter sind verwandt? Verbinde sie miteinander.

Naht | Ziehharmonika | Draht | Geherin | Krähe | Stehplatz

drehen | nähen | gehen | stehen | ziehen | krähen

2 Schreibe die verwandten Wortpaare auf.

Naht – nähen

3 Bilde neue Verben und setze sie in die Lücken ein.

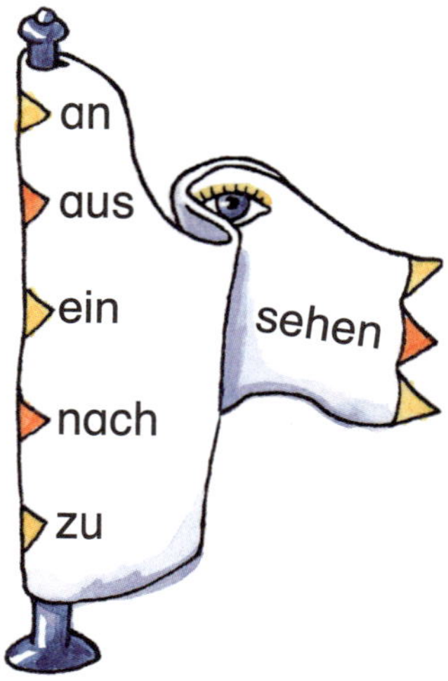

einem Zauberkünstler ______

in einem Lexikon ______

im neuen Kleid toll ______

ein Bild ______

einen Fehler ______

4 Bilde zusammengesetzte Substantive (Nomen) und schreibe sie mit Artikel auf.

Wörter mit x und y

1 Verhext! Schreibe die zusammengesetzten Substantive (Nomen) richtig auf.

Babystiel

Axtfahrer

Taxipuppe

Leseyacht

Segeltext

Handyhaus

Hexennummer

2 Unterstreiche in dem Text die Wörter mit y mit unterschiedlichen Farben, zum Beispiel: rot: y klingt wie j; blau: y klingt wie ü.

Der Yak und der Yeti wohnen nicht auf Sylt oder in New York.

Sie leben im größten Gebirge unserer Erde: im Himalaya.

Der Yak ist ein großes Rind mit einem langen Fell.

Der Yeti ist ein sagenhafter Schneemensch.

Niemand konnte beweisen, dass es ihn wirklich gibt.

3 Löse das Kreuzworträtsel.

waagerecht:

1 Küchengerät
2 Nachschlagebuch
3 sagenhafter Schneemensch
4 kleines Kind
5 Werkzeug zum Holzschlagen

senkrecht:

1 Märchenfigur, die zaubern kann
2 kleines, tragbares Telefon
3 Mietauto
4 Rind aus dem Himalayagebirge

Wörter mit qu

1 Setze Qu oder qu ein!

das ___adrat   die ___elle

der ___alm   der ___ark

der ___irl   das ___iz

___ieken   ___älen   ___engeln   ___atschen

zer___etschen   ___ietschen   ___er   be___em

2 Fülle die Wortkreuze mit passenden Wörtern aus Aufgabe 1.

3 Schreibe zusammengesetzte Substantive (Nomen) auf und achte dabei auf die Großschreibung.

quer   Quälen   Qualm   Quark   Quiz

Geist   Streifen   Sendung   Wolke   Speise

der Querstreifen,

Genau lesen – Texte vergleichen

Rätselkrimi

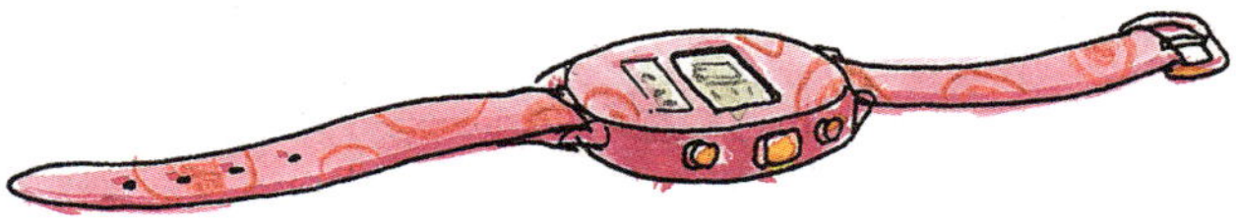

Text 1

Nach dem Schwimmunterricht herrscht Aufregung in der Klasse. Wieder ist eine Uhr verschwunden.
Als Henriette nach Hause kommt, erzählt sie ihrem Bruder Andreas davon. Sie schauen auf Henriettes Geburtstagstisch. Da liegt eine Armbanduhr. Sie zeigt nicht nur die Zeit, sondern auch das Datum an und hat einen Wecker. Der kann mit einer Melodie an wichtige Zeiten erinnern.
Andreas hat eine Idee: „Du kannst mit deinem Geburtstagsgeschenk den Täter überführen, wenn er sich an deiner Uhr vergreift."
Er bespricht mit Henriette seinen Plan.
In der folgenden Woche ist nach dem Schwimmen Henriettes Uhr verschwunden. Als sich die Kinder am Ausgang treffen, können alle hören, wer die Uhr gestohlen hat.

(1) Welchen Plan hat sich Andreas ausgedacht?
Unterstreiche die beiden Sätze, die dir Hinweise auf den Plan geben.

(2) Vergleiche nun Text 1 und 2 und markiere im Text 2 die Veränderungen.

Text 2

Nach dem Schwimmunterricht herrscht große Aufregung in der Klasse 3. Wieder ist eine Armbanduhr verschwunden.
Als Henriette mittags nach Hause kommt, erzählt sie ihrem großen Bruder Andreas davon. Sie schauen gemeinsam auf Henriettes geschmückten Geburtstagstisch. Da liegt eine moderne Armbanduhr. Sie zeigt nicht nur die genaue Zeit, sondern auch das Datum an und hat einen musikalischen Wecker.
Der kann mit einer lustigen Melodie an wichtige Zeiten erinnern.
Andreas hat eine kluge Idee: „Du kannst mit deinem tollen Geburtstagsgeschenk den Täter überführen, wenn er sich an deiner neuen Uhr vergreift."
Er bespricht leise mit Henriette seinen Plan.
In der folgenden Woche ist tatsächlich nach dem Schwimmen Henriettes Uhr verschwunden. Als sich die Kinder aufgeregt am Ausgang treffen, können alle deutlich hören, wer die Uhr gestohlen hat.

(3) Du hast genau gelesen, wenn du 18 Stellen markiert hast.
Vergleiche beide Texte noch einmal, wenn du nicht alle Veränderungen gefunden hast.

Wichtiges erkennen

Tschanga, Tschunga

Es waren einmal zwei Brüder. Der Ältere lebte für sich allein und war reich. Er hatte ein hartes Herz und kein Mitleid mit den Armen. Der Jüngere lebte mit seinen vielen Kindern in Armut. Der Reiche half dem armen Bruder nicht. Traurig zog der Jüngere fort, um sein Glück zu suchen.
Als er sich in einer Baumhöhle ausruhte, kamen vierzig Räuber angeritten. Vor der nahen Felswand rief ihr Anführer: „Tschanga!“ Da tat sich der Felsen so weit auf, dass die Raubgesellen darin verschwinden konnten. Von drinnen rief er: „Tschunga!“, und der Felsen schloss sich. Als die Räuber am nächsten Tag wieder ausgeritten waren, kam der Mann aus seiner Baumhöhle und rief: „Tschanga!“ Sogleich sprang der Felsen auf. Von drinnen rief er: „Tschunga!“, und der Felsen schloss sich.
In 40 Verstecken fand er Gold- und Silberstücke, Edelsteine und Diamanten. Nun hatte seine Not ein Ende. Als er nach Hause kam, erzählte er dem reichen Bruder davon. Der Reiche nahm seine größten Säcke und gelangte auch in die Höhle. Als er sich mit vielen Schätzen davonmachen wollte, hatte er das Zauberwort vergessen. Er kam jämmerlich in der Höhle um. (Türkisches Volksmärchen)

1 Welches Zauberwort hatte der Reiche vergessen? Umkreise es im Text.

2 Unterstreiche im ersten Abschnitt Schlüsselwörter zum jüngeren Bruder blau und zum älteren Bruder grün.

3 Schreibe die Schlüsselwörter zu den Brüdern in die Tabelle.

jüngerer Bruder	älterer Bruder
	allein, reich

4 Schreibe in jeweils drei Stichpunkten auf, was die Brüder erleben.

jüngerer Bruder	älterer Bruder
• entdeckt Räuberhöhle	•
•	•
•	•

Texte ordnen

„Der goldene Schlüssel“ und „Prinzessin auf der Erbse“ gemixt

Es war einmal ein Prinz, der wollte eine Prinzessin heiraten, aber es musste eine richtige Prinzessin sein. Überall reiste er umher, doch an jeder hatte er etwas auszusetzen.

Er grub in der Erde und fand ein eisernes Kästchen. Endlich entdeckte er daran ein kleines Schloss.

Die alte Königin dachte, das werden wir schon herausbekommen!“ Sie ging in die Schlafkammer und legte eine Erbse auf den Boden des Bettgestells unter zwanzig Matratzen.

Nun sagte sich der arme Junge, wo ein Schlüssel ist, da muss auch ein Schloss sein.

Einmal stand vor dem Tor eine Prinzessin. Aber, oje, wie sah die von dem Regen und dem Unwetter aus. Und trotzdem sagte sie, dass sie eine wirkliche Prinzessin sei.

Zur Winterszeit suchte ein armer Junge im Wald Holz. Weil er so durchgefroren war, wollte er sich ein Feuer anzünden und sich aufwärmen. Er scharrte den Schnee weg und fand einen kleinen, goldenen Schlüssel.

Am Morgen wurde die Prinzessin gefragt, wie sie geschlafen habe. „Ach, schrecklich schlecht!“, klagte sie. „Ich habe auf etwas Hartem gelegen!“

Aufgeregt probierte er den Schlüssel und er passte.

1. Unterstreiche die zusammengehörenden Märchenteile mit je einer Farbe. Zum Beispiel alle Teile zum „Goldenen Schlüssel“ gelb und alle zur „Prinzessin auf der Erbse“ grün.

2. Welches ist die richtige Reihenfolge der Abschnitte in den Märchen? Nummeriere die Abschnitte mit deinen Farben.

3. Lies die Sätze jedes Märchens in der richtigen Reihenfolge vor.

Falsch oder richtig erkennen

1 Unterstreiche die Falschmeldungen im Text.

Münchhausener Tageszeitung

Frei und unabhängig — M.T. — 1. April

Neues von der Sonne

Die Wissenschaftler haben festgestellt, dass im Zentrum der Sonne eine Temperatur von mehreren Millionen Grad herrscht. An ihrer Oberfläche sind nur 49 Grad. So kann man dort gut in Gummistiefeln spazieren gehen. Auf der Sonne blühen unzählige Sonnenblumen. Eine weitere Neuigkeit ist, dass auf der Sonne ab und zu das Licht abgedreht wird.
Das nennt man eine Sonnenfinsternis.
Die Sonne ist viele Millionen Kilometer von uns entfernt. Nur mit einem sehr schnellen Auto ist man in zwei Tagen dort. Die wichtigste neue Erkenntnis aber lautet: Die Sonne ist bewohnt.

2 Begründe, warum die Meldungen falsch sind. Schreibe so:

Es ist viel zu heiß auf der Sonne,

Texte umstellen

1 Sieh dir die Bilder genau an. Finde den Text, der jeweils zum Bild passt, und verbinde sie mit einer Linie.

Im Mai kehren die Störche aus Afrika zurück. Sie suchen ihr Nest aus dem vergangenen Sommer. Dort halten sie Storchenhochzeit. Die Störchin legt zwei Eier ins Nest und brütet sie aus.

Die kleinen Störche müssen die harte Eierschale von innen aufbrechen. Die Küken sind sehr klein und haben noch Babydaunen. Sie schlafen viel und wachsen schnell. Der Storchenvater sucht Würmer, Käfer, Schnecken und Mäuse.

Zwei Storchenkinder stehen im Nest. Sie haben beide schon ein richtiges Federkleid. Die Mutter füttert vom Nestrand aus den etwas kleineren Storch mit einem Käfer. Er streckt seinen Hals steil nach oben. Der Storchenvater fängt Frösche.

2 Unterstreiche in den Texten die Schlüsselwörter, die dir verraten, welches Bild jeweils zu dem Text gehört.

3 Ergänze die Satzanfänge mit dem passenden Satzende.

… wir endlich baden.

Wenn im Frühling die Sonne scheint, können

… wir Erdbeeren ernten.

____

… wir im Garten säen.

Carolin führt im Sommerurlaub am Strand ein Tagebuch. Sie schreibt:

„Das Schnorcheln gefällt mir am besten."

____

„Schade, dass ich meine Ski vergessen habe."

____

„Bei der Bergwanderung gab es steile Wege."

Michael sagt zu seinem Freund:
„Wir könnten Drachen steigen lassen, weil

… die Windstärke gerade richtig ist."

____

… es bald gewittert."

____

… es fast windstill ist."

Einen Text vom Ende her erschließen

Wilde Jagd im Schnee

Jetzt ist das Hundegespann kaum noch zu halten. Die Hunde zerren kräftig am Schlitten. Mehrere Helfer müssen das Gespann festhalten. Endlich werden die Hunde zur Startlinie geführt. Der Gespannführer steigt auf die Kufen am hinteren Ende des Schlittens. Auf das Kommando „5-4-3-2-1-go (geh)!“ lassen die Helfer den Schlitten los. Mit lautem Heulen stürzen sich die Hunde ins Rennen.

1 Lies den Text „Wilde Jagd im Schnee“. Unterstreiche die drei Sätze, die beschreiben, was auf dem Bild geschieht.

2 Welcher Anfang passt zu dem Text „Wilde Jagd im Schnee“? Kreuze ihn an.

○ Anfang A
Im Winter finden in vielen Wintersportorten in Deutschland Schlittenhunderennen statt. Daran nehmen die schnellsten Hundegespanne aus ganz Europa teil. Jetzt im Sommer trainieren die Gespannführer mit einem Übungswagen auf der Wiese.

○ Anfang B
Kurz vor dem Start werden die Hunde vor den Schlitten gespannt. Zuerst wird der Leithund eingespannt. Das ist das schnellste, klügste und ausdauerndste Tier. Dann kommen die ruhigeren Hunde und zuletzt die „wilden“ an die Reihe.

○ Anfang C
Nach dem Rennen werden die Hunde gelobt. Sie werden ausgespannt und können sich ausruhen. Am Ruheplatz bekommen sie auch Wasser und Futter. Auch für die Gespannführer gibt es jetzt eine Pause und Verpflegung. Das Führen eines Hundeschlittens ist eine sehr anstrengende Aufgabe.

3 Markiere in den beiden anderen Anfängen die Stellen, die dir verraten, dass sie nicht der richtige Anfang sind.

Wichtige Fachwörter

Adjektiv Adjektive bezeichnen Eigenschaften: die **böse** Fee, das **grüne** Heft, die **große** Angst. Adjektive können gesteigert werden: hell, hell**er,** am hell**sten.**

Alphabet Alphabet ist das Fachwort für das Abc.

Artikel Artikel passen zu Substantiven (Nomen). Es gibt bestimmte Artikel: **der** Wal, **die** Maus, **das** Pferd. Es gibt unbestimmte Artikel: **ein** Wal, **eine** Maus, **ein** Pferd.

Bestimmungswort
In zusammengesetzten Wörtern steht das Bestimmungswort vor dem Grundwort. Es bestimmt das Grundwort näher. **Tennis**ball, **Fahr**rad, **blitz**schnell

gebeugte Verbform (Personalform)
Die gebeugten Verbformen sagen, wer etwas tut: **Ich** les**e. Du** lie**st. Er** lie**st. Wir** les**en. Ihr** le**st. Sie** les**en.** Die gebeugten Formen haben unterschiedliche Endungen.

Grundform Die Grundform des Verbs hat die Endung [en]: les**en,** arbeit**en.**

Grundwort In zusammengesetzten Wörtern ist das Grundwort das letzte Wort. In zusammengesetzten Substantiven richtet sich der Artikel nach dem Grundwort. **der** Rad**weg, die** Spiel**straße**

Mitlaut Mitlaute sind **b, c, d, f, g, h, j, k, l, m, n, p, q, r, s, t, v, w, x, y, z.**

Nachsilben Nachsilben sind Wortbausteine, die nach dem Wortstamm stehen. fleiß**ig,** häss**lich,** Mäus**chen,** Kind**lein**

Nomen Nomen ist ein anderes Wort für Substantiv.

Prädikat Das Prädikat ist ein Satzglied. Es sagt, was geschieht. Das Prädikat enthält die gebeugte Verbform. Nina **geht** zur Schule.

Präposition Präpositionen sind Wörter wie **in, auf, zu, über, hinter, seit.** Sie stehen immer zusammen mit anderen Wörtern, sehr oft mit Substantiven: **mit** dem Rad, **an** der Schule, **um** 9 Uhr.

Pronomen Die Wörter **ich, du, er, sie, es, wir, ihr, sie** sind Pronomen. Pronomen können Substantive (Nomen) ersetzen. **Das Fahrrad** ist neu. **Es** hat eine Gangschaltung.

Satzschlusszeichen
Satzschlusszeichen sind Punkt, Fragezeichen und Ausrufezeichen. Sie stehen am Ende des Satzes. Ich gehe**.** Kommst du**?** Komm jetzt**!**

Selbstlaut Selbstlaute sind **a, e, i, o** und **u.** Auch die Umlaute **ä, ö, ü** und die Zwielaute **ei, eu, au, äu** gehören zu den Selbstlauten.

Silbe Wörter kannst du beim Sprechen in Silben zerlegen. Jede Silbe hat einen Selbstlaut. Kro ko dil

Subjekt Das Subjekt ist ein Satzglied. Es sagt, wer oder was etwas tut. Mit „Wer?" und „Was?" können wir nach dem Subjekt fragen. **Paul** schwimmt im See. Wer schwimmt im See? Paul.

Substantiv (Nomen)
Substantive sind Wörter für Menschen, Tiere, Pflanzen und Dinge: die **Mutter,** der **Hase,** die **Palme,** das **Buch.**

Umlaut Umlaute sind **ä, ö, ü** und **äu.**

Verb Verben sind Wörter, die uns sagen, was man tut: **laufen, lesen, singen.**

Vorsilben Vorsilben sind Wortbausteine, die vor dem Wortstamm stehen. **Un**glück, **ver**reisen, **er**kennen, **be**siegen

Wortbausteine
Wörter sind aus Wortbausteinen zusammengesetzt. [ver][rat][en] [Ring][lein]

Wortfamilie Alle Wörter mit dem gleichen Wortstamm gehören zu einer Wortfamilie: **schenk**en, Ge**schenk,** ver**schenk**t.

wörtliche Rede
Was jemand im Text sagt, heißt wörtliche Rede. Sie steht in Anführungszeichen. Paul sagte: **„Ich komme morgen."**

Wortstamm Der Wortstamm ist der wichtigste Baustein eines Wortes. auf**bau**en, **Wohn**ung, **Häus**chen

Zwielaut Zwielaute sind **ei, eu, au** und auch **äu.**

1 Schreibe die Wörter zu den Bildern.

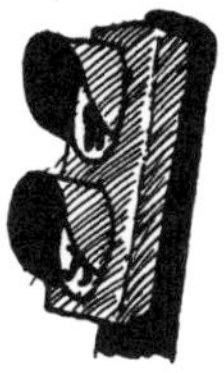

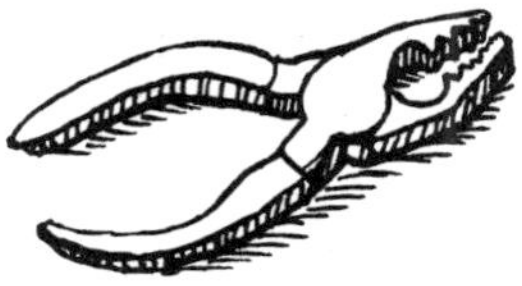

2 Schreibe die diktierten Sätze.

1B Spitze in Deutsch 3

1 Schreibe die Wörter zu den Bildern.

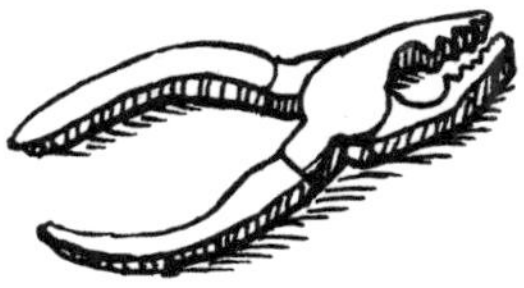

2 Schreibe die diktierten Sätze.

1 Schreibe die Wörter zu den Bildern.

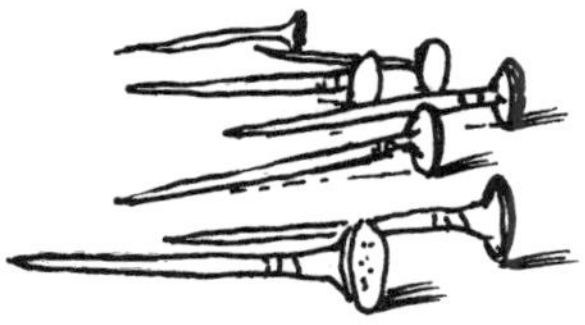

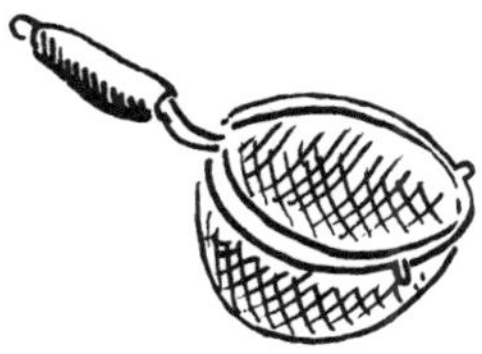

2 Schreibe die diktierten Sätze.

1 Schreibe die Wörter zu den Bildern.

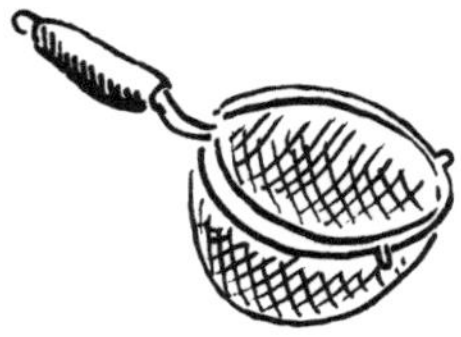

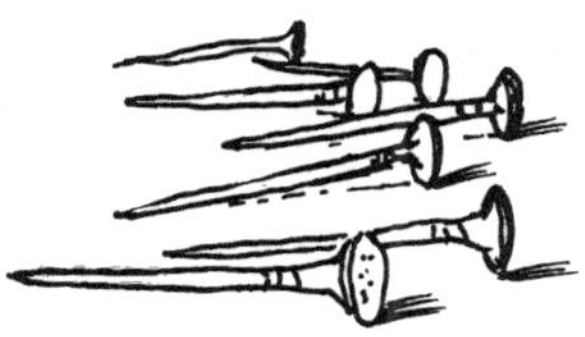

2 Schreibe die diktierten Sätze.

1 Schreibe die Wörter zu den Bildern.

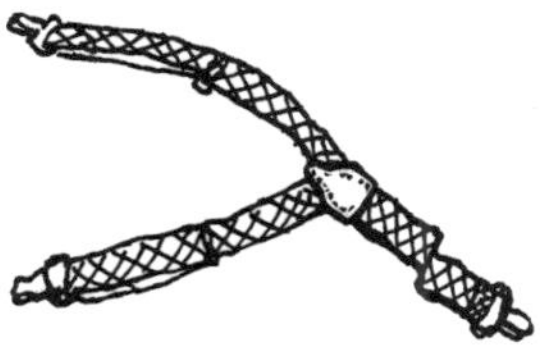

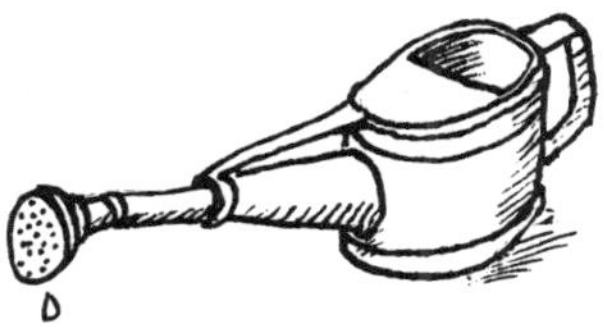

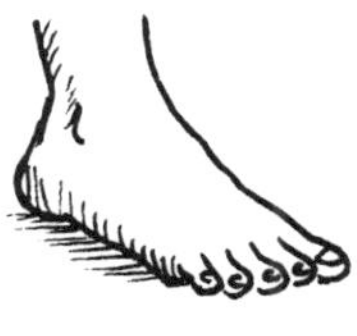

2 Schreibe die diktierten Sätze.

1 Schreibe die Wörter zu den Bildern.

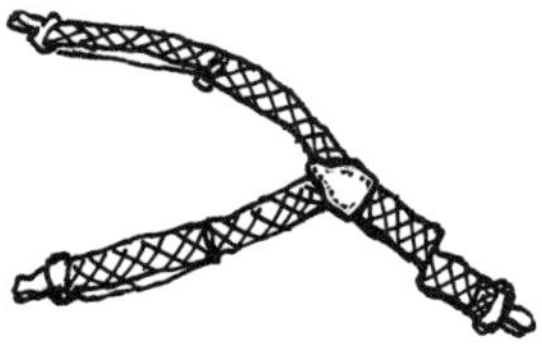

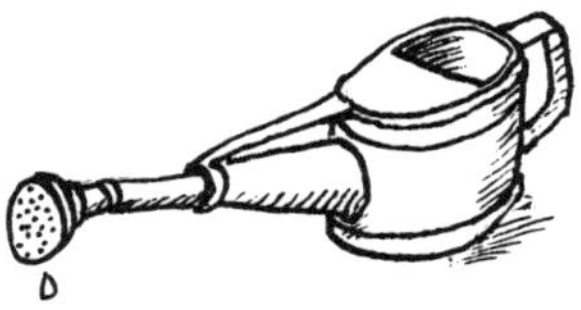

2 Schreibe die diktierten Sätze.

Stolperwörter

1 In jeden Satz hat sich ein falsches Wort eingeschlichen.
Finde es heraus und unterstreiche es.

1. Die ist Schüler turnen an der Sprossenwand.
2. Im Aquarium Futter schwimmen Fische.
3. Die Tür schlägt ist weit offen.
4. Besten meine Kuscheltiere sitzen auf dem Bett.
5. Mein Bruder lacht Freude.
6. Willst du ein Fahrrad blau?
7. Ich Buch lese gerne Pferdegeschichten.
8. Die Suppe ist heiß Ofen.
9. Der Federball weit fliegt auf den Baum.
10. Ich esse gerne rot Salat.
11. Der Hund findet eine bellt Spur.
12. Ich Musik singe gerne fröhliche Lieder.
13. Verkleidest Pirat du dich gern?
14. Der Hamster brüllt rennt nachts in seinem Rad.
15. Die Wäsche ist waschen sauber.
16. Gruseligen vor Gespenstern fürchte ich mich nicht.
17. Meine Schuhe putzen sind schmutzig.
18. Es stürmt die ganze Nacht schwarz.
19. Die Hausaufgaben löst sind nicht schwer.
20. Meine Freundin bald holt mich ab.
21. Hast du meine turnen Schuhe gesehen?
22. In den Herbstferien wollen wünschen wir reiten.
23. Ich Freude gehe gerne in den Zirkus.
24. Der Clown fällt über seine lang Schuhe.
25. Zaubert er auch Mäuse Kostüm aus seiner Jacke?
26. Wir gehen in der Pause nach zu den Tieren.
27. Alle jung Elefanten laufen im Kreis.
28. Nach der Vorstellung Zelt spielen wir Zirkus.
29. Ich tanze möchte gerne die Seiltänzerin sein.
30. Meine Schwester stolpert als Clown in die unser Wohnzimmer.

Die Kraft des Wassers

Hast du schon einmal bemerkt, welche Kraft Wasser hat? Du kannst es beobachten, wenn der Wasserstrahl den Duschschlauch hopsen lässt. Bei Hochwasser reißen Flüsse Steine, Bäume, ja manchmal sogar ganze Häuser mit sich.
Weil das Wasser schwere Lasten tragen kann, bauen die Menschen seit Urzeiten Flöße und Boote. Sie gehören zu den ältesten Verkehrsmitteln. Vor etwa 2000 Jahren wurden die ersten Mühlen gebaut. Diese Wassermühlen sind die ältesten Wasserkraftmaschinen. Sie nahmen Menschen und Tieren harte Arbeiten ab. Die Kraft des Wassers drehte nun zum Beispiel die Mühlsteine, mit denen Korn gemahlen wurde. Das Wasser war eine praktische und billige Arbeitskraft.
Beim Kochen kannst du erleben, wie stark der Dampf des Wassers ist. Die zarten, fast durchsichtigen Wolken können Topfdeckel anheben. Diese Art der Wasserkraft nutzten die Menschen mit Dampfmaschinen. Sie konnten zum Beispiel Spinnmaschinen und Lokomotiven antreiben. Mit den Dampfmaschinen begann die moderne Zeit der Technik und der Fabriken.

1 Welches waren die ersten Mühlen?

- ☐ Wassermühlen
- ☐ Windmühlen
- ☐ Kaffeemühlen

2 Welche Verkehrsmittel gehören zu den ältesten Verkehrsmitteln?

- ☐ Lokomotiven
- ☐ Tretboote
- ☐ Flöße und Boote

3 Welche Zeit begann mit der Erfindung der Dampfmaschine?

____

____

4 Welche Aussage kommt nicht im Text vor?

- ☐ Wassermühlen nahmen Menschen und Tieren harte Arbeiten ab.
- ☐ Wasser ist eine praktische und billige Arbeitskraft.
- ☐ Mit Lokomotiven konnte man schwere Lasten über Land transportieren.

Stolperwörter

1 In jeden Satz hat sich ein falsches Wort eingeschlichen.
Finde es heraus und unterstreiche es.

1. Der Kittel Zahnarzt untersucht unsere Zähne.
2. Fährst oder läufst aber du lieber?
3. Morgen wir haben eine Stunde später Unterricht.
4. Der Schulbus nach kommt heute 10 Minuten später.
5. Das Schwimmbecken ist voll groß Wasser.
6. Die Autolicht Lampe blendet mich.
7. Am Baum hängen dieses Jahr viele die Äpfel.
8. Die Katze schwarz hat eine Maus gefangen.
9. Ich pflücke für meine Mutter Strauß Blumen.
10. Ich stelle zum einen Nikolausabend die Stiefel vor die Tür.
11. Die Katze schnell fängt auch Vögel.
12. Die Eistänzerin läuft eine schwer Figur.
13. Das hinter Pferd zieht eine Kutsche.
14. Störche fahren gibt es in Deutschland im Sommer.
15. Kartoffelbrei stampfen mit Bratwurst esse ich nicht gern.
16. Ich war morgen gestern beim Arzt.
17. Ich trage bei Regen tropft einen Regenmantel.
18. Mein Bruder spielt Fußball werfen und Handball.
19. Meine Nachbarin laut übt fast jeden Tag Geige.
20. Ich habe einen Korb großen Steinpilz gefunden.
21. Grunzen Wildschweine wurden aus dem Maisfeld getrieben.
22. Der Löwe brüllt in der heiß Wüste.
23. Bei der Wanderung mit fand ich nicht den richtigen Weg.
24. Hinter unserem Auto tanzt fährt ein Bus.
25. Einige Mädchen lernen bewegen Ballett.
26. In den Weihnachtsferien Winter fahren wir ins Gebirge.
27. Unsere Sportgruppe trainiert Auftritt für den Wettkampf.
28. Was morgen schenkst du deiner Mutter zum Muttertag?
29. Der Hund hat sich gestoßen an und eine Pfote verletzt.
30. Ich habe meinen Fotoapparat in der Ausstellung liegen vergessen lassen.

Die Kraft des Wassers

Hast du schon einmal bemerkt, welche Kraft Wasser hat? Du kannst es beobachten, wenn der Wasserstrahl den Duschschlauch hopsen lässt. Bei Hochwasser reißen Flüsse Steine, Bäume, ja manchmal sogar ganze Häuser mit sich.
Weil das Wasser schwere Lasten tragen kann, bauen die Menschen seit Urzeiten Flöße und Boote. Sie gehören zu den ältesten Verkehrsmitteln. Vor etwa 2000 Jahren wurden die ersten Mühlen gebaut. Diese Wassermühlen sind die ältesten Wasserkraftmaschinen. Sie nahmen Menschen und Tieren harte Arbeiten ab. Die Kraft des Wassers drehte nun zum Beispiel die Mühlsteine, mit denen Korn gemahlen wurde. Das Wasser war eine praktische und billige Arbeitskraft.
Beim Kochen kannst du erleben, wie stark der Dampf des Wassers ist. Die zarten, fast durchsichtigen Wolken können Topfdeckel anheben. Diese Art der Wasserkraft nutzten die Menschen mit Dampfmaschinen. Sie konnten zum Beispiel Spinnmaschinen und Lokomotiven antreiben. Mit den Dampfmaschinen begann die moderne Zeit der Technik und der Fabriken.

1 Welches waren die ältesten Wasserkraftmaschinen?

- ☐ Wassermühlen
- ☐ Dampfmaschinen
- ☐ Lokomotiven

2 Wem nahmen die Wassermühlen harte Arbeiten ab?

- ☐ dem Wasser
- ☐ Mensch und Tier
- ☐ dem Korn

3 Warum bauen Menschen seit Urzeiten Boote und Flöße?

____

____

4 Welche Aussage kommt nicht im Text vor?

- ☐ Flöße und Boote gehören zu den ältesten Verkehrsmitteln.
- ☐ Wasser ist eine praktische, aber sehr teure Arbeitskraft.
- ☐ Mit den Dampfmaschinen begann die moderne Zeit der Technik und der Fabriken.